美育实践丛书

美育实践活动手册
第四册

深圳市龙华区民治中学教育集团　编

暨南大学出版社
JINAN UNIVERSITY PRESS

中国·广州

图书在版编目（CIP）数据

美育实践活动手册. 第四册 / 深圳市龙华区民治中学教育集团编. -- 广州：暨南大学出版社，2024. 11.（美育实践丛书）. -- ISBN 978-7-5668-4059-2

Ⅰ. G624.703

中国国家版本馆 CIP 数据核字第 2024K7B200 号

美育实践活动手册（第四册）

MEIYU SHIJIAN HUODONG SHOUCE（DI-SI CE）

编　者：深圳市龙华区民治中学教育集团

出 版 人：阳　翼

策　　划：周玉宏　武艳飞

责任编辑：武艳飞　林玉翠

责任校对：刘舜怡　潘舒凡

责任印制：周一丹　郑玉婷

出版发行：暨南大学出版社（511434）

电　　话：总编室（8620）31105261

　　　　　营销部（8620）37331682　37331689

传　　真：（8620）31105289（办公室）　37331684（营销部）

网　　址：http：//www.jnupress.com

排　　版：广州良弓广告有限公司

印　　刷：广州市金骏彩色印务有限公司

开　　本：787 mm × 1092 mm　1/16

印　　张：5.25

字　　数：110 千

版　　次：2024 年 11 月第 1 版

印　　次：2024 年 11 月第 1 次

定　　价：30.00 元

总 序

小小少儿郎，

背起书包上学堂。

花儿笑，

鸟儿唱，

夸我读书忙。

一首简短的儿歌，唤起我们多少美好的回忆，激起我们多少动情的联想。

在绿树成荫、花香四溢的校园里，和老师同学们一起读好书，那是多么幸福的时光。

好书是生活的伴侣，是攀登的阶梯，是前行的灯塔。

读好书，好读书，是人生一种美好的享受。

读书有三条路径，三条路径通向三重境界。

第一条，读纸面的书，读网络的书。

第二条，读社会的大书，读人生的大书。

第三条，用眼、用心、用行动，去审读，去体悟，去品鉴，去实践，去升华，去创造一本精美的人生之书。

这本书，有字无字，有声无声，有形无形，有涯无涯。它奥妙无穷，浩瀚无垠，囊括天地、宇宙、人生、过去、现在、未来，它是一本无与伦比的绝妙好书。

三条路径，三重境界，都指向美好的人生。我们提倡知行，并超越第一、二重境界，实践并飞渡第三重境界。那是一个美心、美德、美行、美我、美人、美众的大美境界。

　　你手中的这套"美育实践丛书"，就是引导我们进入第三重境界的新书、好书、奇妙之书。

　　这套"美育实践丛书"，核心是"美育"，关键是"实践"。"美育"强调"三自"：自主、自觉、自动地拥抱美；"实践"要求"三实"：扎实、踏实、真实地践行美。在实践中自我培育美感，在生活中共同参与审美，在一生中自觉实践、创造美好。通过实践，一起发现美、感知美、鉴赏美、升华美、创造美，一同达到美育活动的全新境界。

　　美在读书中，美在行动中，美在我们心中、手中，在我们日常的一言一行中，在我们人生不懈的追求中。美浸染着我们的生活，滋润着我们的心灵，塑造着我们的人格。实践吧！美，就是你、我、他，就是人生、社会、世界大家庭，就是人类大同，就是人类命运共同体。让我们以美为桥梁、为纽带，连接彼此，以美培元、以美润心、以美育德、以美启智，共同编织一个和谐而充满希望的明天！

2024 年 8 月

CONTENTS

目 录

梦探月球

在探月中了解航天科技的进步，感受科技美

"月光光照地堂，虾仔你乖乖训落床，听朝阿妈要赶插秧啰，阿爷睇牛要上山岗……"晴朗的夜晚，伴随童谣声，我慢慢进入了梦乡……

当我伸着懒腰睁开惺忪睡眼，发现自己在一个茂林修竹、鸟语花香的宫殿里。抬头一看，竟然是广寒宫，但不见其他人。我可以轻易飞起来，带着好奇心我飞出了宫殿。

嗨，美美，我是宇航员鹏鹏，欢迎来到月球，我是本次月球之旅的导游，我将会带你遨游我的家园。快乘坐本次旅行的交通工具随我出发吧！

嗨，鹏鹏，很高兴认识你，这次的旅行要拜托你了。

月球和地球的风景完全不一样，却散发着一种独特的美！

月球表面没有江河湖海，也没有风霜雨雪，没有地球上的秀丽风光。但是，广袤的月海、大大小小的撞击坑、崎岖不平的月面等别致的景观，也令人十分震撼。

美美快看，月球表面较暗的广阔平原地区就叫月海。

鹏鹏，这些都是撞击坑吗？

是的。撞击坑是一种环形构造，是月球表面最主要的月貌形态。

景观美

广袤的月海	大大小小的撞击坑
崎岖不平的月面	_____

坐车子时间久了感觉很疲惫，于是我下车想要活动一下。我轻轻一跳，竟一跃好几米！

鹏鹏，为什么在月球上一下子可以蹦这么高呀！太神奇了！在地球上从来没有过这种体验。

因为月球上的引力只有地球的六分之一呀，如果你在地面上能跳起半米高，在月球上轻轻松松就能跳过3米高呢！

太棒了！如果能在月球上举办一场运动会就好了。

想要在月球上举办运动会，要提前了解月球的环境。

月球上没有空气、没有食物、没有光照。不过，科学家发现月球上的土壤中有分子水存在，矿产资源也极为丰富，可为人类的生存提供条件。

参照月球的基本信息，你认为月球上适合开展哪些运动项目，不适合开展哪些运动项目呢？说一说你的理由。

差异美

适合举办的运动项目	我的理由
高尔夫球	月球的重力是地球的六分之一，可以使球击得很远

不适合举办的运动项目	我的理由

　　环游完月球，我启程回广寒宫，不知这次回去能否见到嫦娥和她的玉兔呢？

> 美美，你知道"嫦娥奔月"的故事吗？

> 当然啦！这是有名的神话故事，讲的是逄（páng）蒙想要偷走西王母送给后羿的仙药，后羿的妻子嫦娥为了避免仙药落入坏人手中，无奈之下吃了下去，结果就来到月球了。

　　"嫦娥奔月"的故事表现了中国古人对月亮的好奇和丰富的想象力，中国古诗词也常用月亮来表达对亲人的思念。你还知道哪些关于月亮的故事或诗词，写下来并说说它们美在哪里。

_____

_____

_____

鹏鹏，听说嫦娥身边还有一只玉兔呢。

我们也有"玉兔"，还记得我们的交通工具吗？它是"玉兔号"月球车，它的成功凝聚了中国人民的智慧。

查阅资料，写出"玉兔号"月球车的结构与特征，说一说各部分结构有什么功能？

技 术 美

序号	结构与特征	对应的功能
1	有太阳能电池和蓄电池	提供动力
2		
3		

"5、4、3、2、1，发射！"伴随耳边响起的倒计时声，我眼前的月球世界变得模糊起来……当我再次醒来的时候，眼前的一切消失了。我的朋友鹏鹏呢？我走出房间，看见爸爸妈妈在电视机前观看我国神舟十三号载人飞船发射，这是我国载人航天工程立项实施以来的第二十一次飞行任务，也是空间站建造阶段的第二次载人飞行任务。

小讲坛

随着我国经济和科技的不断发展，从2004年起，中国开始实施月球探测工程。中国探月工程初期规划分"绕""落""回"三期，计划用15年的时间分三步完成。

第一步为绕月探测，即在2004—2007年研制、发射绕月探测器。这一阶段要突破地月飞行、远距离测控与通信、绕月飞行、月球遥测与分析等技术，并建立中国月球探测航天工程初步系统。

第二步为落月探测，即在2007—2013年研制和发射落月探测器。这一阶段主要突破月球软着陆、自动巡视勘察、深空测控通信、月夜生存等关键技术，为以后建立月球基地的选址提供月面的化学和物理参数。

第三步为采样返回探测，即在2013—2020年研制和发射采样返回器到月球表面特定区域进行分析采样，然后将月球样品带回地球进行详细研究。

月球对于我们而言，是梦中的秘境，而奔月之路，是中国对未知领域的不断探索。

　　"嫦娥一号"到"嫦娥五号"任务的成功，是我国探月工程的伟大成就，也是全世界航天科技的重大成就，更是中华民族向前迈步的实践证明。

　　小朋友们，从中国的"月球梦"中，你看到了中国科学家什么样的品格呢？

　　作为小学生，为了实现我们的"月球梦"，我们能做些什么呢？

如果在未来的某一天，人类已经实现登月生活的梦想，那未来人类生存的第二星球——月球，会是一幅什么样的生活场景呢？

月球上不仅风景独特，生活的体验感也很新鲜，如果有一天能搬到月球上生活就好了！

假如有一天你成为月球上某座城市的市长，你会如何建设人们的家园？发挥你的想象，让我们把未来的家园画出来吧！

【材料】

彩笔、铅笔、橡皮。

根据上面提供的材料，让我们来创作有趣的科幻画吧。

我的作品

【交流】

在小组内交流自己的创作想法，并选出最优秀的一幅作品在班级内进行评选。

数字化美育实践基地

美美，现在是信息化时代，我们可以利用数字化设备跟随阿波罗 11 号登月的脚步漫步月球，感受月球生活。

对，我们还可以利用数字化技术搜罗古今中外人们对月球探索的历史资料或神话故事，以及相关技术的发展情况。

1. 借助 VR 技术手段，同学们可以在课后体验月球漫步。

2. 利用搜索引擎收集和梳理人类探月史并试着记录下来。

名称	时间	相关内容
中国探月史	西汉	嫦娥奔月（出自《淮南子》）
外国探月史		

敦煌壁画

千年壁画唱响丝路古韵

在古印度的恒河边，生活着一只美丽的九色鹿，她身上的皮毛由九种奇妙的颜色组成。一天，九色鹿救了溺水的人，分别时跟他说千万不要泄露自己的踪迹。但是此人还是没有经受住悬赏的诱惑，带领国王去捕捉九色鹿。被捕后的九色鹿向国王诉说了搭救溺水之人的经过，国王听后，十分感动，并下令从今以后任何人都不得伤害、捕捉九色鹿。九色鹿的故事也被记录在敦煌的壁画上，与众多绝美的壁画一起成就了敦煌延续千年的传奇。

莫高窟的开凿历经十六国时期至元代，前后延续约1000年，现存洞窟735个，其中绘有壁画的492个，壁画共计有45000多平方米，真是一座不折不扣的艺术宝库！它连穹顶也是精美绝伦的，壁画的题材更是丰富多样，有故事画、佛像画、人像画、山水画……

走进敦煌石窟，犹如走进梦境，每块墙壁、每一幅画都在讲述着动人的故事，令人惊叹不已！

佛像画

人像画

像九色鹿那样的故事画，情节动人……

题材美

故事画：情节动人

佛像画：_____

人像画：_____

山水画：_____

让我们走近仔细看看吧！我给大家推荐最大的壁画《五台山图》，这也是我国现存最早的形象地图。

《五台山图》局部

这幅壁画高3米多，长13米多，图中以青黄颜色为主，山川道路交错纵横，城郭村镇错落有序。图中所绘的铡草、推磨、舂米、挑担行路和迎来往送的人物，都真实地反映了当时人民的生活图景……

敦煌壁画规模巨大、技艺精湛、内容丰富、题材广泛，远观，恢宏壮观，墙上、穹顶上都画满了壁画，既整齐又灵动，足以见得工匠排列的功力。近看，工笔细腻，把主角的姿态勾画得惟妙惟肖，色彩搭配也是恰到好处……

让我们带上记录单一起来记录一下吧！

排列美	颜色美
房屋错落有致	青色庄重

故事美	＿＿＿＿美
＿＿＿＿＿＿	＿＿＿＿＿＿

这些人物都好像在空中起舞一样，他们叫什么？

这些都是"飞天"，它们是佛教造型艺术，但是你仔细看，不同时期的飞天形象也不尽相同哦，它们各有各的美。

北凉时期

中唐时期

西魏时期

元代时期

我知道！中唐时期的飞天特征很明显，形象圆润多了！

没错，除了外貌，我们还可以从颜色、神态、线条等进行对比呢！看看我们能不能鉴赏出飞天形象的继承与发展。

同学们，仔细观察，将不同时期的飞天形象的相同和不同之处填在表格里吧！

历史时期	相同点	不同点
北凉	都以人形作为飞天的形象；颜色丰富；姿态飘逸	线条粗犷；服饰较少；表情单一
西魏		线条变得灵动；开始出现女性形象
中唐		
元代		

敦煌作为东西方文明交流互鉴的重要节点，其石窟中的壁画和题记不仅是佛教艺术的瑰宝，更是研究古代丝绸之路与敦煌地区多元文明交往交流交融的珍贵材料。敦煌文化对于铸牢中华民族共同体意识具有重要意义。

美美，你有没有发现，不管敦煌壁画里的形象如何变迁，我们都能从中找到属于我们华夏文明的符号，因为那是促使我们开放交流的文化底色。

我们应该如何让更多的优秀文化引进来，又该如何让"中国造"走向世界呢？

以敦煌作为交流的文化名片

增强民族文化自信

开放包容，多元并蓄

敦煌的艺术价值与历史价值都体现在对本民族文化的高度认同和对外来文化的融合发展上。

创造美

除了九色鹿、飞天，壁画里还有很多代表吉祥的形象呢！

中国人讲究祥瑞以祈愿美好的生活，快来看看这些瑞兽都代表着哪些美好祝愿吧。

守宝龙
象征守护和赐福

翼马
象征追梦不息

青鸟
象征沟通与思念

快来动笔画一画、写一写你的瑞兽与祝福语吧！

数字化美育实践基地

鹏鹏，我们能做到足不出户云游敦煌吗？

在数字时代，结合先进的 VR 技术，我们也可以加入"数字敦煌"资源库的建设中来。

大数据库资源：

中国非物质文化遗产网·中国非物质文化遗产数字博物馆：

https://www.ihchina.cn/

云游敦煌我在线

视觉导航：一饱眼福			
资源获取		代表作品	

听觉导航：故事配音			
资源获取		代表作品	
敦煌研究院官网	民间故事	《九色鹿》	《独角仙人本生》	《猴王舍身救群猴》

数字导航：沉浸式体验			
资源获取		代表作品	
敦煌研究院数字资源库	各大搜索网站	供养人：宋国河内郡宋氏（莫高窟156窟）	

千年蚝村

魅力蚝村、古韵沙井，承载美好生活

据史料记载，沙井人主要是南宋理学家陈朝举的后代。当年陈朝举被金兵追杀，辗转来到宝安沙井一带。沙井临海，初来的陈家后代靠海谋生，其中蚝成为食物的来源之一。他们发现蚝是个好东西，便自称为"蚝民"。慢慢地此地产生了蚝文化，沙井也就成为"千年蚝村"。

为了留住渔村的"底色"，智慧的沙井人自2004年起开始举办"金蚝节"。在深圳现代城市文化发展中，沙井"金蚝节"成为城市独特的风景线。

沙井古墟

"一岁蚝田两种蚝，蚝田片片在波涛。蚝生每每因阳火，相叠成山十丈高。"在深圳沙井街头巷尾，这首古时的《打蚝歌》直到今天仍广为传唱。 生蚝，学名叫牡蛎。别看生蚝其貌不扬，可它肉肥爽滑，营养丰富，含有蛋白质、铁、维生素 A、维生素 B 等营养元素，被誉为"海底牛奶"，还可作为中药材哦！

鹏鹏，我们去逛"金蚝节"吧！

好啊，在这美食民俗文化嘉年华里，我们一起来发现"金蚝节"的美吧！

"金蚝节"活动丰富，除了可以观看开蚝大赛，感受争分夺秒的激动时刻，还可以探索各种品类的生蚝美食，感受舌尖上的美味。除此之外，还可以体验祭祀盛典、参加蚝菜烹饪比赛、欣赏舞台剧表演。在此前的"金蚝节"上，舞台剧备受好评，曾推出过"蚝乡三部曲"——《蚝美古沙井》《卢亭传说》《预言》，将艺术与生活结合起来，体现了沙井人对沙井蚝的深厚情感和热爱。

取蚝有道

舌尖蚝品

除了看比赛、探蚝品，"金蚝节"还有什么有趣的活动？

金蚝节

技术美　　开蚝技术　蚝菜烹饪　蚝工艺品

味道美　　甘香无比　原汁原味 ＿＿＿＿＿＿

＿＿美　　＿＿＿＿＿＿＿＿＿＿＿＿

一方水土养一方人。

观察下面的历史轴线，边查资料边补充哦！

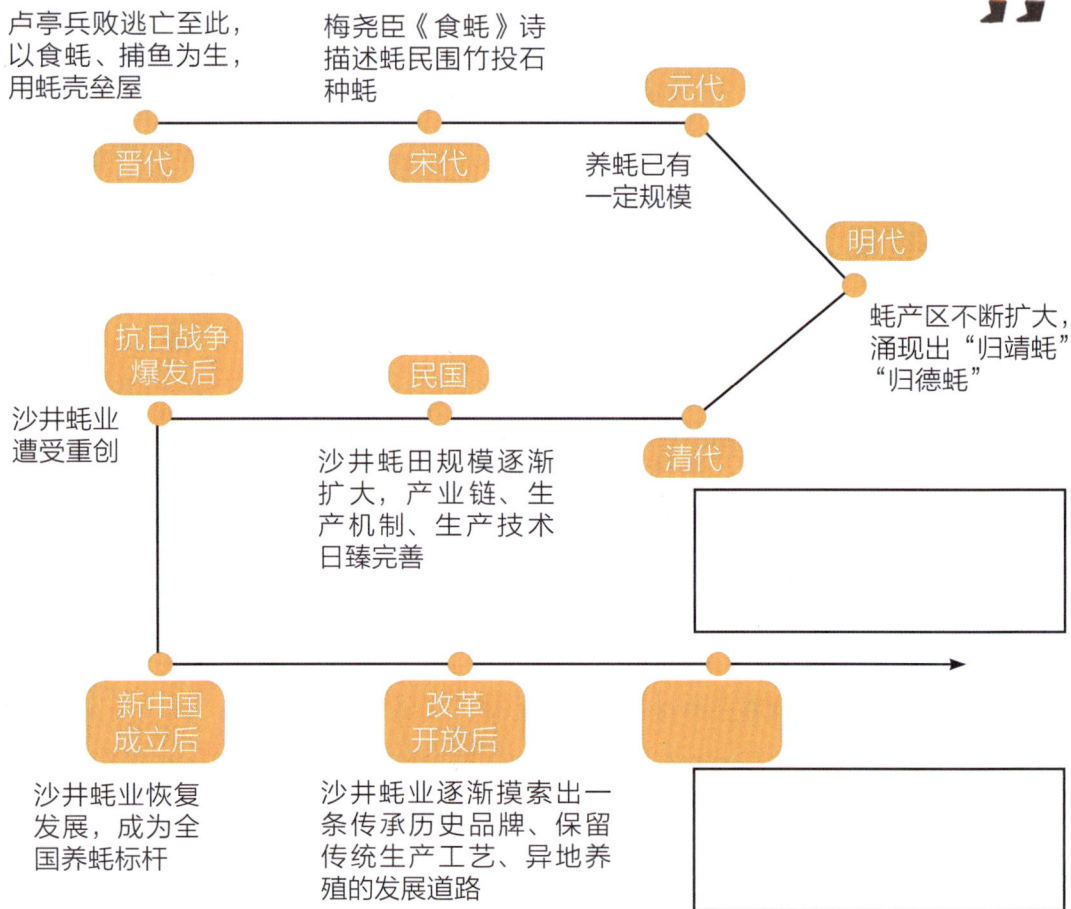

卢亭兵败逃亡至此，以食蚝、捕鱼为生，用蚝壳垒屋

梅尧臣《食蚝》诗描述蚝民围竹投石种蚝

元代

晋代　　　宋代

养蚝已有一定规模

明代

蚝产区不断扩大，涌现出"归靖蚝""归德蚝"

抗日战争爆发后　　　民国

沙井蚝业遭受重创

沙井蚝田规模逐渐扩大，产业链、生产机制、生产技术日臻完善

清代

新中国成立后　　　改革开放后

沙井蚝业恢复发展，成为全国养蚝标杆

沙井蚝业逐渐摸索出一条传承历史品牌、保留传统生产工艺、异地养殖的发展道路

千年蚝村的历史变迁

追寻千年蚝村的踪迹，你有什么想说的呢？

鉴赏美

"蚝"的美味穿越千年，做法花样迭出，有煎、烤、焗、炸、蒸、灼，每种做法又有无数子做法，不胜枚举。

蚝还引来无数文人墨客的"围观"，趣味盎然。

古有

肉中有滋味。食之即甚，雍肠胃。
——（唐）刘恂

食之甚美，未始有也。
——（宋）苏轼

蚝味虽可口，所美不易遭。
抛之还土人，谁能析秋毫。
——（宋）梅尧臣

今有

七绝·咏蚝

陈幼荣

天工造物此肴奇，
膏腴甘嫩入口知。
吃客如云来复去，
可知养蚝血汗漓。

蚝之四美

A 蚝形之美 _____

B 蚝色之美 _____炸蚝——金灿灿_____

C 蚝香之美 _____

D 蚝味之美 _____白灼蚝——口感滑嫩_____

沙井古墟凝聚了蚝民的劳动智慧，犹如活文物，它见证了一方水土的千年变迁。明清时期，蚝民们就地取材，创造性地将蚝壳用作建筑材料，建造出蚝壳窗、蚝壳墙、蚝壳屋等。不仅实用，而且极富美感。

粤港澳大湾区的经济发展如火如荼，而沙井位于湾区核心发展轴上，未来可期，沙井人与时俱进、追求美好生活的精神也将永远传承下去！

蚝是沙井文化载体，承载了"蚝村蝶变"的物质和精神成果。蚝文化坚固如蚝壳，在城市化发展进程中，蚝民的创新、奋斗精神代代相传。

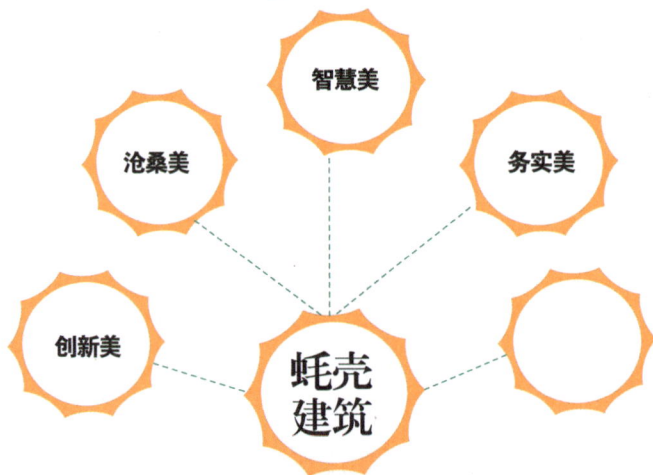

智慧美

沧桑美

务实美

创新美

蚝壳建筑

　　"蚝"与"豪"同音，"蚝"与"好"谐音，不少菜以"蚝"为名讨个好彩头，比如，发菜和蚝豉代表"发财好市"。还有俗语："食粒蚝豉，好事连连。"

发菜蚝豉（发财好市）

蚝豉发菜烩猪手（好事发财就手）

哇，原来"蚝"有"豪""好"的寓意！如果能在妈妈生日时做出蚝（好）菜，那最好不过啦！快来学一学吧！

做蚝菜需要注意什么？填一填吧！

开蚝有道：
◆ 准备开蚝工具
◆ 研究开蚝方法
◆ 依势巧力开启

烹饪有法：
◆ 挑选烹饪方法：＿＿＿＿＿＿＿＿＿＿
◆ 准备烹饪材料：＿＿＿＿＿＿＿＿＿＿
◆ 烹饪时：＿＿＿＿＿＿＿＿＿＿＿＿＿
◆ 装盘时：＿＿＿＿＿＿＿＿＿＿＿＿＿

27

数字化美育实践基地

　　物种可能消亡，文化却可永存。蚝民不仅创造性地将蚝的内质美——蚝肉发挥得淋漓尽致，而且正在不断寻找外在美——蚝壳的突破口。沙井蚝民对美好生活的追求，值得我们传承。把沙井蚝作为深圳文化的名片推广，让我们行动起来吧！

美美，信息化时代下，我们可以利用数字化技术开展蚝文化实践活动哦！

对，我去探一探蚝壳工艺品店，并利用数字化技术为蚝文化宣传吧！

蚝文化宣传

发布方式	发布内容
视频、照片、推文……	蚝壳探店感受、蚝壳工艺品创作体验……

同学们，把你的探店感受发布在美育实践基地吧！也可以尝试自己做个蚝壳工艺品哦！

蚝壳工艺品展示台

照片粘贴处

28

冬的形状

冬天，大自然与人共创，绘制万千形态

冬天太美啦，大雪纷飞，着素衣从天而降，洒满人间，白了山河。

美美，你猜猜，这是什么字？

我猜是_____。

这是篆文的"冬"字，上半部分，像丝绳两端的打结，表示_____。因为冬季是四时中最后一个季节。

下半部分，是表示_____的部件"仌"，如同冰天雪地、滴水成冰的冬天。

鹏鹏，从"冬"这个字就能看出，水，是冬天最重要的代言人呀！水在冬天会变化出各种各样的形态呢！

千面的雪花

尖尖的冰挂

毛茸茸的霜

镜子般的冰面

晶莹剔透的雾凇

松软的积雪

冬天，当水遇见不同温度、湿度的天气，就会产生千变万化的形态。想一想，除了上面提到的，还有什么形态呢？

多样美

大自然在冬天，借助温度这一魔法棒，"定型"了万物，原来冬天是静态的、沉稳的……

冬天也是动态的，你看，每种动态都给予我们不同的享受！

形态美

静态　动物冬眠 ＿＿＿＿＿＿

动态　梅花绽放　滑雪运动 ＿＿＿＿＿＿

鉴赏美

美美, 你看, 冬天动物藏身体, 人们藏食物、藏阳气, 唯有冬藏好了, 才能根基牢固, 厚积薄发。但是有这样三种植物, 它们不藏, 你能通过这几个形状, 猜猜它们是谁吗?

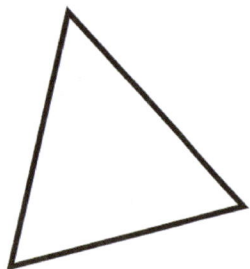

它们就是"岁寒三友"!

寒松	雪竹	腊梅
简介:	简介:	简介:
象征的品格:	象征的品格:	象征的品格:

冬天，让我们看见松树、竹子、腊梅不畏严寒、坚忍不拔的坚强意志。冬天，大雪给冬季作物送来了及时雨，为来年丰收打下基础，还给小朋友们带来了欢乐！快来看看古诗是如何赞美冬天的吧！

墙角数枝梅，凌寒独自开。
遥知不是雪，为有暗香来。

同学们，冬天带给诗人如此多的灵感，请思考诗人们的写作思路，一般是：

物之美 ⟶ 景之美 ⟶ ____之美

冬以各种形状将"爱"不声不响地送到我们身边，它以各种形状悄无声息地滋润养育世间万物。它没有春天的花香沁人心脾，没有夏天的迅速生长，更没有秋天的果香寓意收获，它所蕴含的是一种能量的孕育与开始，是哺育春天的使者。

所以，冬天对人类和大自然的"爱"是埋藏在心底的，是一种不张扬、不求回报的无私大爱！

人与大自然的互动，创造出了各式各样的美，要说冬天人类创造的艺术，非冰雕、雪雕莫属。在南方的你们，想动手做一做吗？

点水成冰

1. 准备材料：醋、烘焙苏打粉、水、锅。

2. 将 880 克苏打粉和 1 升醋进行混合，静置 1 小时后，加入 200 毫升水。

3. 盖起来放置于室温环境下。

4. 小火煮至"水清"状态。

5. 往水杯中插入棉签或筷子，神奇的"点水成冰"现象就出现了。

成果展示

照片粘贴处

数字化美育实践基地

　　大自然通过冬天赐予我们如此丰富美妙的体验，而我们人类却为了追求发展，做出不少污染大气、破坏生态的行为。

　　2024 年 9 月 5 日，中国气象局发布《极地气候变化年报（2023）》。该报告显示，南极地区气温较常年略偏高，海冰持续快速减少，再创消融纪录；北极地区增温放缓，但仍为 1979 年以来最暖夏天。全球变暖是现在我们地球遇到的巨大挑战，最直接的体现就是南北极的冰川融化，导致海平面上升。

同学们，请通过查找资料写下近 8 年来深圳冬天的平均温度，并写下你的思考。

年份								
平均温度								

思考：＿＿＿＿＿＿＿＿＿＿＿＿＿＿＿＿＿＿＿＿＿＿

＿＿＿＿＿＿＿＿＿＿＿＿＿＿＿＿＿＿＿＿＿＿＿＿＿

＿＿＿＿＿＿＿＿＿＿＿＿＿＿＿＿＿＿＿＿＿＿＿＿＿

＿＿＿＿＿＿＿＿＿＿＿＿＿＿＿＿＿＿＿＿＿＿＿＿＿

威武醒狮

在相遇、相识、相亲中，感受醒狮雄健不屈的精神

传说很久很久以前，广东南海一带发生了瘟疫，民不聊生。这时，一只神兽出现，瘟疫就消失了。老百姓为了报答神兽的恩情，便用竹篾和纸扎成神兽的样子，配合鼓乐舞动，以表示礼祀之心。

因神兽的模样酷似狮子，又被称为"瑞狮"，"瑞"在粤语中和"睡"是谐音，叫"睡狮"不吉利，且"瑞狮"有着驱邪镇妖的寓意，便将"瑞狮"改为了"醒狮"。

鹏鹏，周末爸爸带我去看了舞狮表演，舞狮好酷啊！

我也想去看。

01

发现美

鹏鹏，醒狮模样真的好可爱呀！

醒狮不仅造型可爱，还寓意着如意吉祥，是雄健、勇敢和力量的象征。

造型美

圆圆 的脑袋   _____ 的嘴巴

_____ 的身体   _____ 的眼睛

醒狮常见的外形扮相是高额、大鼻、圆唇、明牙、震舌，请把它们填写在方框内吧！

太有趣了！让我来试试。

名称美

小讲坛

醒狮作为岭南民俗文化的优秀代表，其不仅仅是民俗文化，更象征着一种雄健不屈的民族魂。2006年5月20日，醒狮经国务院批准，列入了第一批国家级非物质文化遗产名录。

南方舞狮着重"神似"，不仅狮头扎作惟妙惟肖，舞狮人也充分模仿了动物的神态动作。醒狮的基本神态有喜、怒、哀、睡、醉等，这些神态经常通过配合表演的故事情节展现出来。

醒狮的神态好丰富呀！醒狮的各种形态会出现在什么故事情节里呢？请结合醒狮表演，发挥你的想象力，将故事情节补充完整。

神态美

喜——狮子历经千辛万苦，终于采到青。

怒——

哀——小狮子离开妈妈，想念家人。

睡——

醉——狮子喝醉酒，左摇右晃，步伐不稳。

美美，你看，这样高难度的动作，需要两个人完美默契地配合，才能把醒狮舞得这么精彩！

一个"合"字很好地诠释了"醒狮"文化。请仔细思考，"合"表现在哪些方面呢？

合作美

1. 两个人配合完成高难度动作；

2. 与音乐配合进行表演；

3.

4.

谁是北狮？谁是南狮？我分不清啦！

对比观察可以发现，它们的特点有很大不同，南狮写意，北狮写实……

南狮

北狮

同学们，仔细观察，将南狮、北狮的相同和不同之处填在表格里吧！

共同点	不同点
都是以狮子为原型	地域之别

醒狮的色彩真美，不同的颜色还代表着狮子不同的性格呢！如黑狮威武凶猛、彩狮温和、红狮凝重。

我也来给我心中的醒狮搭配一下色彩。

美美，快看！与时俱进的小狮子来啦！传统的醒狮走进现代生活，醒狮精神无处不在，醒狮与时代接轨，以华人为纽带舞出中国，舞到了五大洲，体现了世界求同、求和、求进、求繁荣、求欢乐的人类精神文明新气象和新高度，体现出中华优秀传统文化对人类的贡献！

岭南醒狮电竞游戏

国际友人的醒狮情怀

节日里的醒狮

太了不起了，我被醒狮文化深深感动着，希望醒狮的精神文化永远传承下去！

醒狮走进我们的校园啦！同学们，让我们一起来创编校园版醒狮舞，舞出醒狮精神！

哇，这么有趣又充满醒狮精神的舞蹈一定会变成我们的校园特色！

醒狮舞创编

1. 醒狮舞的剧情创编：两只小醒狮外出冒险，不管碰到多么大的困难，都会勇往直前、奋发向上、团结合作。

2. 醒狮舞的动作创编：研究醒狮动作，根据故事情节创编醒狮舞蹈动作。

3. 醒狮舞的音乐创编：根据传统醒狮的音乐形式，融合故事情节及现代音乐元素，创编符合醒狮舞的音乐。

4. 醒狮舞的（　　）创编：_____

_____

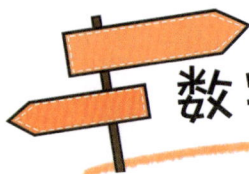

数字化美育实践基地

美美，信息化时代下，我们还可以利用数字化技术开展醒狮实践活动哦！

对，我可以利用数字化技术搜罗古今中外的舞狮文化盛况，开阔我们的思维和眼界，看到世界文化的融合与不同！

1. 大数据库

中国非物质文化遗产网·中国非物质文化遗产数字博物馆（https:www.ihchina.cn/）以及各大搜索网站。

2. 古今中外舞狮文化盛况

中国舞狮文化盛况

类型	南狮			北狮	
	广东醒狮	上川黄连胜醒狮舞	马桥手狮舞	白纸坊太狮	天塔狮舞
分布地域	广东省佛山市	广东省深圳市宝安区	上海市闵行区	北京市	山西省襄汾县
特点	醒狮，属于中国舞狮中的南狮		手狮舞集灯彩、舞蹈等民间艺术为一体，技艺性较强	白纸坊太狮表演时，一黄一蓝两只太狮同时出场，凶猛粗犷、形神兼备，具有鲜明中国民间"北派"舞狮特征	天塔狮舞具有惊、险、奇、绝、美的艺术特征

海外舞狮文化盛况

举办者	马来西亚华侨	美国华侨	加拿大华侨	澳大利亚华侨
活动时间	如春节等节日庆典			
类型	南狮			

咫尺乾坤

观苏州园林之形神，叹中国园林之精妙

园林作为绿色生态空间，集建筑、园艺、工艺于一体，是人们心神向往的风水宝地，也是鉴赏艺术创造的大雅之堂，更是人们心灵的诗意栖居、安顿之地。

鹏鹏，相传乾隆皇帝曾六游苏州园林，但仍在园中迷路许久才得以走出，苏州园林真像个迷宫呀！

美美，这正是苏州园林的魅力所在，园中山水曲折迂回，布局大有玄机，现在让我们一探究竟吧！

中国园林从崇尚自然的思想出发，发展成山水园林。人们在一定空间内，经过精心设计，运用各种造园手法将建筑、山水、花木、书画等搭配组合，将人工美和自然美巧妙地结合在一起，从而做到"虽由人作，宛自天开"的境界。

山水

建筑

中国园林
四大元素

建筑

建筑在中国园林中具有使用与观赏的双重作用。它常与山水共同组成园景。

山水

叠山理水是为了打造出自然式的风景园，是对自然山水的概括、提炼和再现。

花木

花木的姿态和线条以苍劲与柔和的搭配为主，是组成园景必不可少的因素。

书画

园林中的匾额楹联、石刻碑帖、书画墨迹等，都是园林主人才华学养之体现。

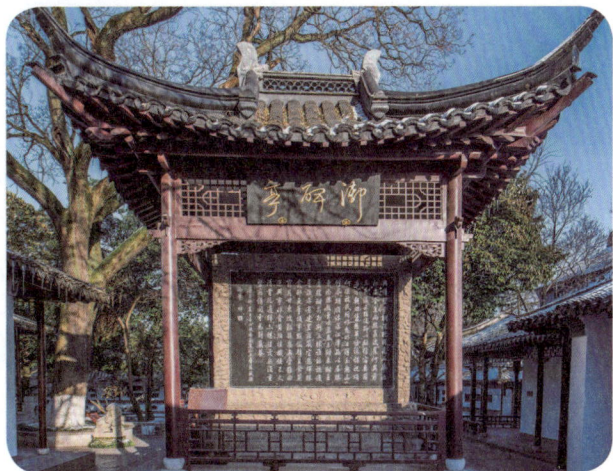

江南园林甲天下，苏州园林甲江南。快随我去参观苏州园林中面积最大的拙政园吧！

　　拙政园是苏州现存最大的古典园林。全园以水为中心，山水萦绕，花木繁茂，充满诗情画意。花园分为东、中、西三部分，东花园开阔疏朗，中花园是全园精华所在，西花园建筑精美，各具特色。园南为住宅区，体现典型江南民居多进的格局。

　　而且，在不同历史阶段，拙政园的园林布局有着一定的区别，特别是早期拙政园，与今日之状并不完全一样。正是这种差异，形成了拙政园独具个性的特点。

鹏鹏，为什么拙政园被称为咫尺乾坤啊？

因为它占地面积虽小，却在有限的空间内点缀假山、树木，安排亭台楼阁、池塘小桥，于咫尺之内再造乾坤，做到了宅园合一，可赏，可游，可居。

空间艺术之美

1. 在小空间内装入大乾坤；

2. 曲径通幽；

3.

苏州园林里的各色花窗，几乎每个都不重样，不管是远看、近看、侧看、横看，每一个都像是一幅独具特色的画。

漏窗，是苏州园林的"眼睛"。

窗之美

拙政园中有260多个形态各异的花窗。花窗通过窗芯的弯曲变化，形成了不同的图案。窗框和窗芯有丰富的形状，比如菱形、圆形、方形、多边形、如意形等。

如果说水是苏州园林的灵魂，那么假山则是苏州园林的骨架。苏州园林的假山，多取材于太湖石、黄石，其中又以太湖石为上选。

请填写你对太湖石四个特点的认识吧！

太湖石之美

皱	透	瘦	漏

　　南北园林对比，北方园林多为皇家园林，庄重而宏伟；南方园林以苏州园林为典型，小巧而精致。对于中华民族而言，它们是历史的积淀，也是我们民族文化的基因，更是中华文化的宝贵遗产。今天，苏州园林是一个开放的景点，作为苏州的名片享誉天下。

> 置身于园林之中，我仿佛看到了中国文人的日常生活，游园消遣，凭几学书，焚香煮茶，真是丰满且雅趣的日常呀！

> 苏州园林凝聚了中国古代文学与艺术的结晶，体现着不同时代的人们对于美好诗意生活的一种追求！快来总结一下园林之美吧！

人文美　　布局美　　____美

自然美　　____美

园林之美

古代造园师通过对水池、假山、植被、建筑的规划设计，使得一墙之内可赏山水花木，一园之地可游亭台楼阁。同学们，我们也试着来设计一幅园林手绘图吧！

园林手绘图

这个是我的创作，你也可以加入你的新设计哦！

数字化美育实践基地

鹏鹏，你知道吗，打开微信搜索"苏州园林官微"公众号，通过"数字园林"，即可观看园林的全景导览，赶快试试吧！

×   数字园林   ···

园林720°全景游

园林三维模型体验

园林夜游数字化场景

太方便了！这可真是完美解决了无法实地前往苏州园林旅游体验的难题了！

你都看了哪些园林？
1.＿＿＿＿＿＿＿＿
2.＿＿＿＿＿＿＿＿
3.＿＿＿＿＿＿＿＿

这些园林还有哪些特色？
1.＿＿＿＿＿＿＿＿
2.＿＿＿＿＿＿＿＿
3.＿＿＿＿＿＿＿＿

你还想开发哪些功能？
1.＿＿＿＿＿＿＿＿
2.＿＿＿＿＿＿＿＿
3.＿＿＿＿＿＿＿＿

传动之精

神奇的齿轮传动，不变的团结协作

鹏鹏，我昨天看了纪录片《我在故宫修文物》，修理钟表那部分真让我大开眼界！

既然你这么感兴趣，那就让我们一起去了解一下它的故事吧！

清朝皇帝酷爱钟表收藏，西方工业革命以后，传教士到中国来，他们会研究皇帝喜欢什么，就把当时最新、最好的钟表送到宫里，形成了一类独特的收藏。宫廷钟表作为特殊礼物，有着极为精巧复杂的机械传动系统和华丽的外表，代表了当时世界上最先进的机械制造和工艺水平。

几百年过去了，这些钟表依旧转动……接下来，让我们一起去了解一下钟表的故事吧！

钟表里的奥秘就藏在齿轮里，正是那些小齿相互咬合，才使得钟表有规律运行。

　　齿轮传动是机械传动中应用最广的一种传动形式。它的传动比较准确，效率高，结构紧凑，工作可靠，寿命长。

　　请你找找生活中哪些物体有齿轮，并记录下来吧！

生活中的齿轮

　　水车

　　自行车

_____

_____

齿轮的种类多种多样，有外形、齿线形状、材质等的不同。

下面是各种各样的齿轮，请你仔细观察它们的相同和不同之处，并记录在表格内。

木制齿轮

金属齿轮

塑料齿轮

人字齿轮

斜齿轮

直齿轮

相同之处	不同之处
需要咬合	材质不同
至少两个一组	外形不同

单个齿轮是无法传动的，只有与另一个齿轮啮合在一起才能实现传动。

那么，齿轮传动的规律是什么呢？

时钟的秘密

A 当时针转动__1__圈

B 分针需要转动_____圈

C 秒针需要转动_____圈

齿轮转动的快慢和齿轮的大小有关。齿轮越小，转动得越快；齿轮越大，转动得越慢。如果大小不同的齿轮咬在一起，大的转一圈，小的则需要转好几圈。

传动规律

小齿轮带动大齿轮 | 右侧齿轮转动速度变化：变快□/变慢□/不变□

大齿轮带动小齿轮 | 右侧齿轮转动速度变化：变快□/变慢□/不变□

相同齿轮 | 右侧齿轮转动速度变化：变快□/变慢□/不变□

原来齿轮传动这么讲究配合，每个齿轮都有自己的使命，一个带动另一个，处处传动团结和协作！

除了齿轮传动之外，传动之美还有更多形态，请你利用数据库的力量，去寻找其他传动方式吧！

齿轮传动	皮带传动	＿＿＿传动	＿＿＿传动

一滴水只有流进大海里才不会干涸，一个人只有在团队协作中才能发挥最大的价值，就像齿轮的传动之美，每个人分工明确，不计得失，紧密相连，互相带动，才能发挥最大的力量！

带动

配合

协作

其实，我们每一个人就像一个齿轮。我们在不同场景、不同任务中和伙伴组成齿轮组，相互影响、合作、推动。比如，我的科学小组成员各有所长：

_____在___学习___方面，_____。

_____在__选择颜色__方面，_____。

_____在_____方面，_____。

_____在_____方面，_____。

_____在_____方面，_____。

请发挥你的想象力，用齿轮传动的奥秘创作一个小作品。

神奇的齿轮创意大赛

1. 任务：利用齿轮模具零部件，拼合一个齿轮联动组合作品。

2. 要求：2人或2人以上为一组，合作完成作品。

3. 作品完成后，请你展示齿轮传动，并尝试结合前面所学到的齿轮传动知识，简单解说作品的传动原理。

作品解说

数字化美育实践基地

同学们，让我们把亲手制作齿轮的步骤拍摄下来并上传到数字化美育实践基地上吧！制作步骤越详细，越能得到更多人的认可，也许会有许多小朋友跟随着你的讲解进行齿轮制作哦！

①

照片粘贴处

②

照片粘贴处

③

照片粘贴处

④

照片粘贴处

一起试一试吧！

夏之天籁

在倾听、静听、凝听中感受美妙的夏日之声

"蛙鸣蒲叶下，鱼入稻花中。"鹏鹏，你知道这句诗里有哪些美妙的夏日之声吗？

有青蛙在叫，还有小鱼扑腾！

天地有大美而不言，而夏天却有着自己独特的表达。夏天是声音的季节，听，有虫鸣鸟叫、夏雨哗啦、万物生长……

夏是炎热的，夏是喧嚣的，夏最动听的则是那一曲自然的天籁！

65

　　一声蝉鸣、一片蛙叫、一场雷雨、一串水泡……都有着自己独特的声音，这些声音无不昭示着属于这个季节独有的生命活力！这些声音，为我们带来了清凉，带来了快乐，带来了人世间夏天特有的情歌！

美美，让我们一起去寻找夏天的声音吧！

雨打芭蕉

冷饮冒泡

海浪翻腾

汽船破浪

我发现了下雨的声音、海浪的声音、冷饮冒泡的声音，还有……

声 音 美

雨打芭蕉 啪啪啪	**海浪翻腾** 哗啦啦	**冷饮冒泡** 滋滋滋
汽船破浪 哗哗哗		

02

感知美

鹏鹏，为什么夏天的声音这么动听呢？

那是因为夏天中各种各样的声音组成了一首有高低起伏的节奏，有独特旋律和别样感受的交响曲呀！

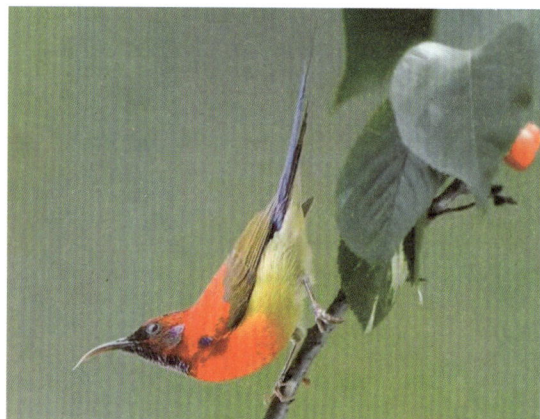

节奏美

声音	特点	乐曲角色
蝉鸣	时而密集、时而舒缓，高亢、悠长……	弦乐师
蛙叫	短促、跳跃……	鼓手
鸟鸣	清脆、婉转悦耳……	钢琴伴奏师

旋律是乐曲的灵魂和基础，夏之天籁里就有着独特的旋律，它之所以美是因为它蕴含了夏天的自然之声和我们的心声！

夏天，世间万物在跳跃性地生长着，青草奋力向上生长，黄瓜架上的藤蔓努力在盘旋，一切都昂扬向上，充满生命的激情，迸发出旺盛的活力，仿佛在告诉我们生命的美好在于奋力向上，努力拼搏！

旋律美

声音	旋律	代表的心声
万物生长	昂扬向上的旋律	旺盛的斗志
虫鸣鸟叫	释放生命的热情	治愈浮躁

美美，你知道吗？在这纷繁复杂、各式各样的声音里，独有蝉鸣足以代表夏季。

是的，整个夏季的流行音乐，当属蝉鸣！

　　蝉，从卵，到幼虫，再到成虫，经过五年、七年，甚至十几年的蛰伏蓄积，终于爆出了响彻夏季的鸣叫。

　　古人也喜欢蝉，爱画蝉和话蝉，他们认为蝉飞得高，登高望远，象征着清白、清高、高洁的文人节操和品格。

品格美

朝代、作者	诗句	品格
（唐）虞世南	居高声自远，非是藉秋风。	立身高洁
（唐）骆宾王	露重飞难进，风多响易沉。	高洁

夏日音乐会

收集夏天的声音，唤醒自由的心境。让我们一起去参加夏日音乐会吧！

（一）模仿夏季之声

选择自己喜欢的声音进行模仿，然后小组合作，组合成一曲夏日交响曲。

（二）收集大自然的夏季之声

我们还可以走进大自然，收集夏天的声音呢！用自然之声和模仿之声组合成美妙的天籁。

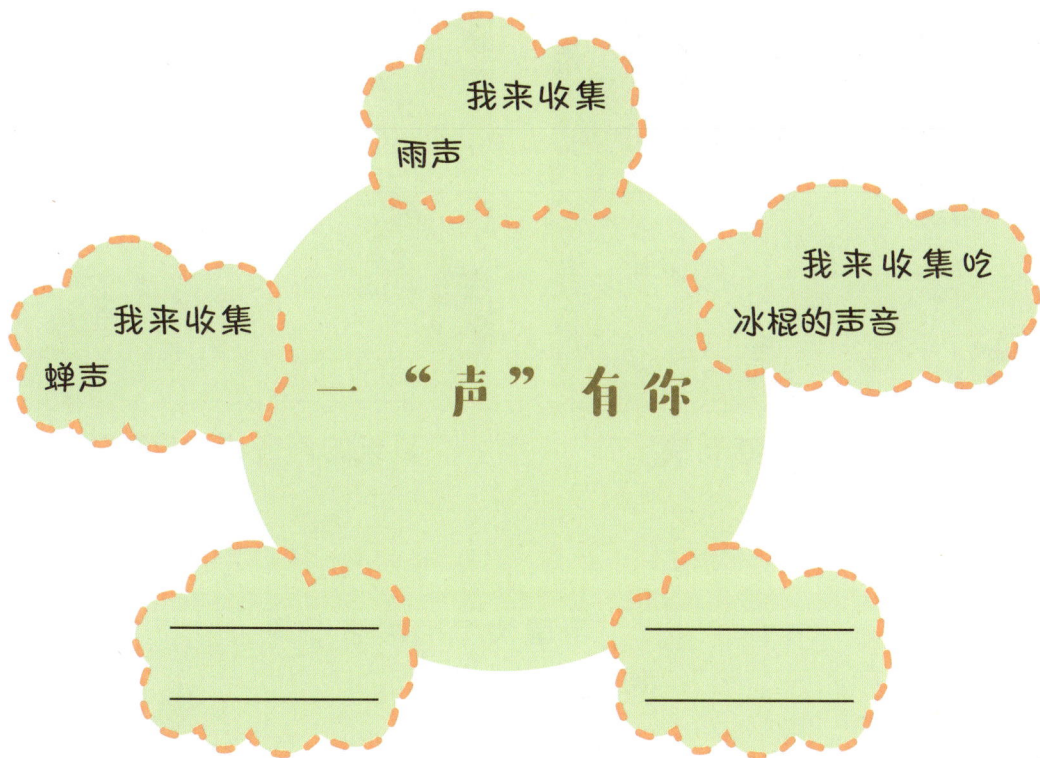

我来收集雨声

我来收集吃冰棍的声音

我来收集蝉声

一"声"有你

_____

_____

_____

_____

　　或许每个人心中都有一幅夏日山水画卷，每个人都在期盼遇见夏天的声音。只因它们予人安宁，无比沁心。夏天的声音如歌，有治愈的感觉，也仿佛在告诉我们，生命的精彩就是要倾尽全力，尽情地歌唱，享受生命的乐趣。

夏天的声音让我感到快乐

夏天的声音让我感到放松

希望大家都能感受到
夏天声音的独特美！

美美，你知道吗？声音也能被画出来呢！我国著名国画大师齐白石先生就曾创作了一幅《蛙声十里出山泉》，我们一起来了解一下吧！

《蛙声十里出山泉》是齐白石 1951 年创作的一幅水墨画。齐白石用焦墨画了两壁山涧，中间是湍急的流水，六只蝌蚪在急流中摇曳着小尾巴顺流而下，蝌蚪们不知道已离开了青蛙妈妈，还活泼地戏水玩耍。我们仿佛听到画外的蛙妈妈，因为失去蝌蚪而在大声鸣叫。

哇！我仿佛听到了远处的蛙声正和着奔腾的泉水声，演奏出一首悦耳的乐章。

快来动手画一画你喜欢的夏天声音吧！

数字化美育实践基地

请同学们将在大自然中收集的有关夏天的声音进行汇总和分类，建立一个夏之天籁声音库。

自然之声	纯音乐	歌曲
虫鸣	彭靖《萤火虫之舞》	梁静茹《宁夏》
树叶声	班德瑞 "The Sounds of Silence"（《寂静之声》）	爱尔兰民谣 "The Last Rose of Summer"（《夏天最后的玫瑰》）
夏季雨声	久石让 "Summer"（《夏天》）	Walk off the Earth（逃离地球乐队）"Summer Vibe"（《夏日氛围》）

我们还可以利用各类软件，创作一段独特的夏之天籁并分享给朋友呢！一起来试试吧！

听"声"识曲 ←→ 利用软件搜索声音

同"声"共辑 ←→ 利用软件剪辑声音

"声"图并茂 ←→ 利用软件编辑视频

悦享"声"活 ←→ 利用软件记录生活

后 记

在深圳市龙华区民治中学教育集团党委的引领下，这套"美育实践丛书"得以呈现，我们倍感自豪。本项目得益于广东省委宣传部原副部长顾作义先生和广西教育出版社原总编辑李人凡老师的悉心指导，凝聚了民治中学教育集团教师团队的智慧与汗水。项目始于2021年初，完成于2024年，旨在通过美育实践，培育学生的审美情感与创造力，实现以美育人、以美化人的目标。

在深圳市教育科学研究院的批准下，在深圳市龙华区教育局和教育科学研究院的指导和支持下，我们组建了以莫怀荣书记、校长为主持人的课题组，负责课程体系的构建与课程内容的开发研究。其中，莫校长负责全面统筹项目，张德芝校长和徐莉莉副校长负责人文美板块，戴蓉校长和辜珠元老师负责艺术美板块，何星校长和陈妍老师负责自然美板块，吴朝朋老师负责科技美板块，彭智勇校长和郭金保老师则负责手绘插画设计的统筹和推进工作。

在编写过程中，潘向阳老师担任丛书第四册组长，刘薇、易晓倩老师担任副组长，共同肩负课程内容研讨与书稿审读的重任，刘薇老师后期还兼任了一段时间的组长，负责该册书最后出版准备工作的对接。各课的编写分工如下：武亚飞老师《梦探月球》、文木水老师《敦煌壁画》、潘向阳老师《千年蚝村》、杨迪老师《冬的形状》、刘薇老师《威武醒狮》、张梦璟老师《咫尺乾坤》、王立群老师与杨榆潇老师《传动之精》、杨双玲老师《夏之天籁》。刘薇老师还负责了整册书的手绘插画，为手册增添了形象、生动的韵味。

"美育实践丛书"不仅是民治中学教育集团美育实践课题研究的丰硕成果，更是我们对美育深刻理解和创新实践的生动展现。我们期待这套丛书能够为学生提供丰富多彩的美育体验，激发他们的创造力和审美能力，引领他们在美的海洋中遨游，发现自我，启迪智慧，滋养身心。

　　在"美育实践丛书"即将与广大师生见面之际，我们满怀感激之情。回首将近3年的研究和编写工作，我们收获了太多的感动。感动于我们这个团队在美育课程体系建设和课程开发研究道路上的执着追求和不断探索；感动于和我们并肩前行、可亲可敬的两位专家对整个项目的策划和丛书撰写提供反复、深入的指导；感动于暨南大学出版社阳翼社长和周玉宏、武艳飞主任，以及编辑老师们在书稿编辑过程中给予的耐心、细致的帮助。因编写需要，丛书大部分图片由视觉中国授权使用，其他图片由潘洁玉、武艳飞、刘蓓等提供。书中个别未联系到的图片作者请与出版社联系，以便支付薄酬，在此一并表示感谢。

　　我们坚信，美育不仅能够提升学生的审美情感和创造力，更是培养学生全面发展的重要途径。未来，我们将一如既往、继续努力，为教育界的同行提供更多有价值的经验和启示，共同推动新时代美育事业的发展。我们也清醒地认识到，由于我们的研究水平和实践能力有限，本套丛书还存在不足之处，有待进一步完善。因此，我们真诚地希望全国各地的教育工作者和读者在实际应用这套丛书的过程中，能够及时向我们反馈使用体验，提供宝贵的意见和建议，以便我们不断改进和完善，更好地服务于新时代学校美育实践的需要。

深圳市龙华区民治中学教育集团

2024 年 8 月